westermann

Fit in der Grundschule

10-Minuten-Trainer

Rechnen bis 1000

Klasse 3

Fit in der Grundschule
10-Minuten-Trainer

Rechnen bis 1000

Autorin:
Tanja Blumberg ist Grundschullehrerin und arbeitet als Autorin für Lernhilfen.

westermann GRUPPE

Druck A[1] / Jahr 2023
Alle Drucke der Serie A sind im Unterricht parallel verwendbar.

Redaktion: Ulrike Klein, Berlin
Kontakt: lernhilfen@westermanngruppe.de
Illustrationen: Hans-Jürgen Feldhaus, Münster; Thies Schwarz, Hannover
Umschlaggestaltung und Layout: Janssen Kahlert Design & Kommunikation GmbH, Hannover
Umschlagfoto: iStock by Getty Images, EvgeniiAnd
Druck und Bindung: Westermann Druck GmbH, Georg-Westermann-Allee 66, 38104 Braunschweig

ISBN 978-3-07-**003003**-0

Vorwort

Liebe Schülerin, lieber Schüler,

du bist in der dritten Klasse und willst im Fach Mathematik richtig fit werden? Dann ist der **10-Minuten-Trainer** genau das Richtige für dich! Mit diesem Arbeitsheft kannst du alle wichtigen Inhalte des Lernbereichs **Rechnen bis 1000** wiederholen und üben.

Zu jedem Thema gibt es eine **Doppelseite**, die du in 10 Minuten bearbeiten kannst. So wird der Stoff in übersichtliche Einheiten gegliedert, die dir das Lernen erleichtern.

Anschaulich erklärte **Regeln** und **Tipps** helfen dir bei der Bearbeitung der Aufgaben.

Natürlich gibt es in diesem Heft auch einen **Lösungsteil**, mit dessen Hilfe du überprüfen kannst, ob du die Übungsaufgaben richtig bearbeitet hast. Du findest ihn ab Seite 56.
Übrigens: Für jede gelöste Doppelseite darfst du dich mit einem **Erfolgssticker** belohnen. Klebe ihn einfach in das dafür vorgesehene Feld.

Und damit deine Eltern dich auf deinem Weg durch die dritte Klasse noch besser unterstützen können, haben wir im Internet unter **www.westermann.de/fit-in-der-grundschule** hilfreiche Tipps und praktische Checklisten für sie zusammengestellt.

Viel Erfolg beim Üben mit dem **10-Minuten-Trainer**!

Dein Lernhilfen-Team

Inhaltsverzeichnis

Multiplikation und Division bis 1000

Mit Größen rechnen

Rechnen mit dem Hunderterfeld

Das Hunderterfeld enthält alle Zahlen von 1 bis 100. Wenn du seinen Aufbau gut kennst, kannst du den Aufbau des Zahlenraumes bis 1000 besser verstehen.
Denn: **Alle Hunderter sind gleich aufgebaut.**

1	2	3	4	5	6	7	8	9	10
11	12	13	14	15	16	17	18	19	20
21	22	23	24	25	26	27	28	29	30
31	32	33	34	35	36	37	38	39	40
41	42	43	44	45	46	47	48	49	50
51	52	53	54	55	56	57	58	59	60
61	62	63	64	65	66	67	68	69	70
71	72	73	74	75	76	77	78	79	80
81	82	83	84	85	86	87	88	89	90
91	92	93	94	95	96	97	98	99	100

1 Notiere die markierten Zahlen.

a) 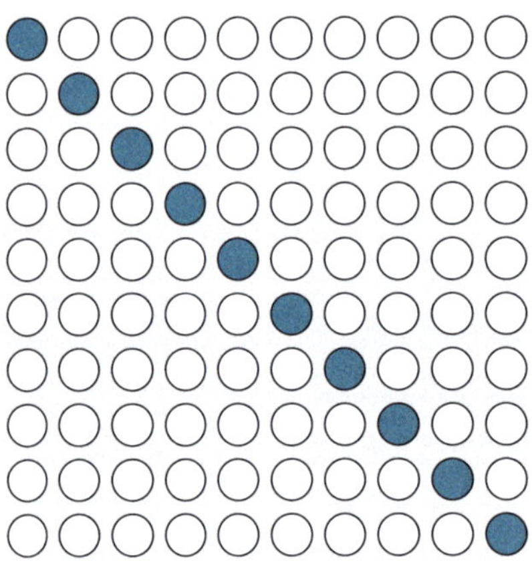

b) 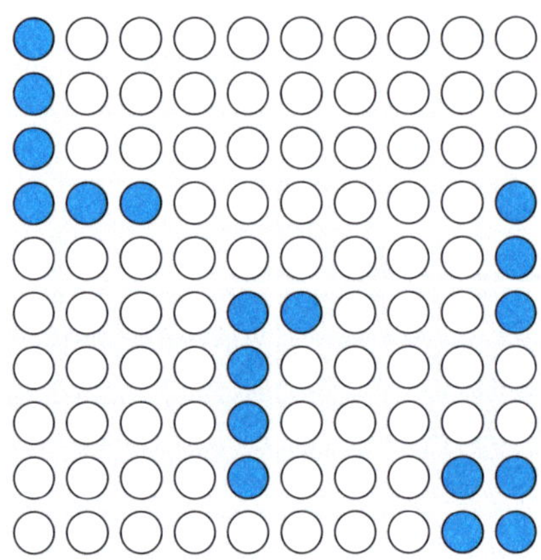

....

....

....

....

2 **Trage die folgenden Zahlen in das Hunderterfeld ein.**

1, 17, 27, 46, 13, 63, 77, 38, 6, 55, 75, 14, 92, 83, 100

3 **Wie kommst du jeweils zur nächsten Zahl?**

Markiere die Ergebniszahlen im Hunderterfeld.

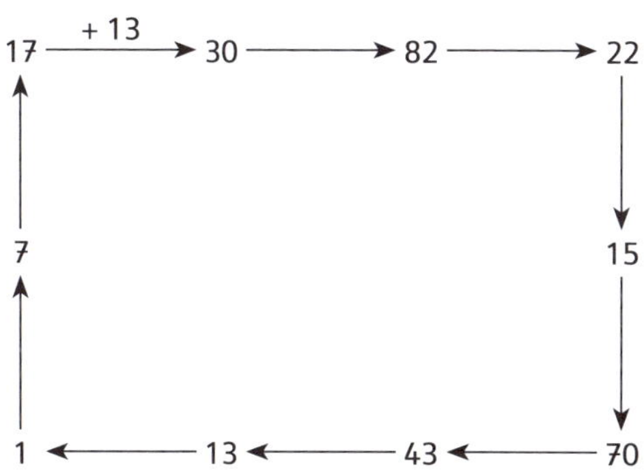

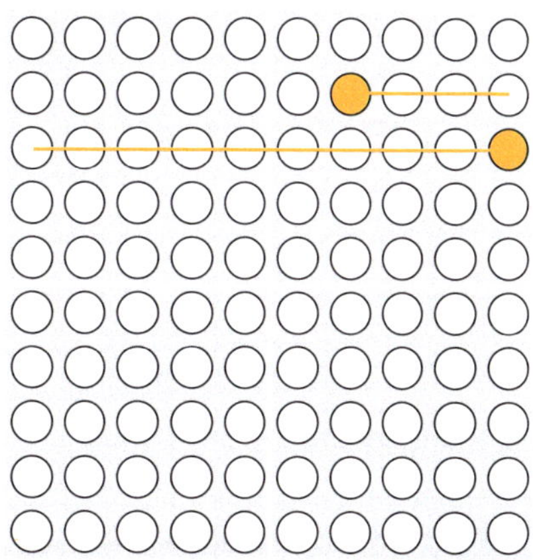

Hier kannst du deinen Erfolgssticker einkleben.

Zahldarstellungen

Die Zahlen zwischen 100 und 1000 haben alle 3 Stellen:
Einer (E), Zehner (Z) und Hunderter (H). Du kannst sie verschieden darstellen:

Beispiel:
473
vierhundertdreiundsiebzig

Hunderter (H)	Zehner (Z)	Einer (E)
4	7	3

■■■■ IIIII II ●●●
473 = 400 + 70 + 3

TIPP Denke daran: 10 Einer = 1 Zehner
10 Zehner = 1 Hunderter
10 Hunderter = 1 Tausender

1 **Ergänze die Tabelle.**

Zahl	Stellenwerttafel	bildliche Darstellung
245	H Z E 2 4 5	
		■■■ III ●●●●●●●
509		
	H Z E 4 8 0	

2 **Schreibe mit Ziffern.**

Dreihundertvierundfünfzig ....
Zweihundertdreißig ....
Siebenhundertsieben ....
Neunhundertdrei ....
Eintausend ....
Vierhundert ....
Achthundertachtundachtzig ....
Sechshunderteinunddreißig ....

3 **Schreibe eine Plusaufgabe für jede Hunderterzahl.**

745 = 700 + ... + ...
546 = ... + ... + ...
333 = ... + ... + ...
310 = ... + ... + ...
805 = ... + ... + ...
999 = ... + ... + ...

4 **Verbinde die Darstellungen gleicher Zahlen.**

193

□□□□□□ ○○○○○○

H	Z	E
4	8	2

481

□□□□ IIIII III ○○

606

□□□□ IIIII III ○

H	Z	E
1	9	3

482

H	Z	E
9	9	0

H	Z	E
6	0	6

□ IIIII IIII ○○○

990

H	Z	E
4	8	1

□□□□□□□□□ IIIII IIII

Hier kannst du deinen Erfolgssticker einkleben.

Die Zahlen bis 1000

101	102	103	104	105	106	107	108	109	110
111	112	113	114	115	116	117	118	119	120
121	122	123	124	125	126	127	128	129	130
131	132	133	134	135	136	137	138	139	140
141	142	143	144	145	146	147	148	149	150
151	152	153	154	155	156	157	158	159	160
161	162	163	164	165	166	167	168	169	170
171	172	173	174	175	176	177	178	179	180
181	182	183	184	185	186	187	188	189	190
191	192	193	194	195	196	197	198	199	200

401	402	403	404	405	406	407	408	409	410
411	412	413	414	415	416	417	418	419	420
421	422	423	424	425	426	427	428	429	430
431	432	433	434	435	436	437	438	439	440
441	442	443	444	445	446	447	448	449	450
451	452	453	454	455	456	457	458	459	460
461	462	463	464	465	466	467	468	469	470
471	472	473	474	475	476	477	478	479	480
481	482	483	484	485	486	487	488	489	490
491	492	493	494	495	496	497	498	499	500

Jeder Hunderter ist genau gleich aufgebaut.

1 Notiere die markierten Zahlen.

a)

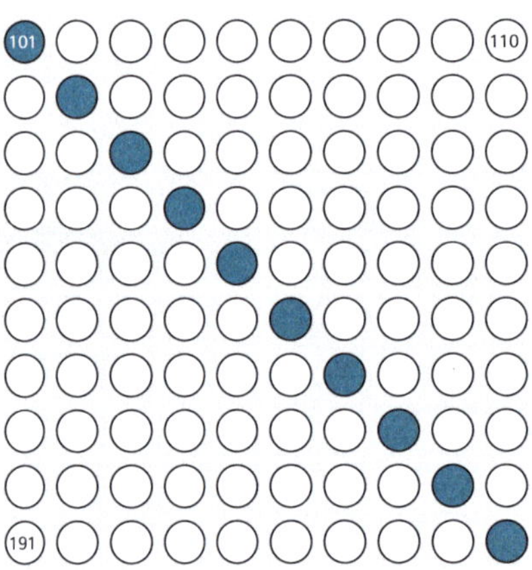

b)

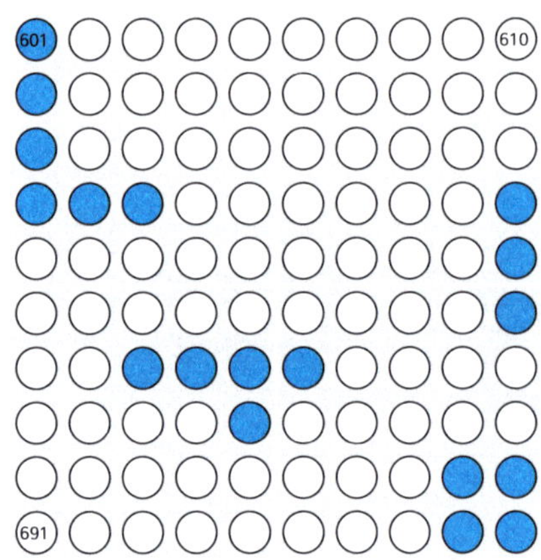

....

....

....

....

2 **Schreibe die Zahlen auf, die mit den Linien markiert werden.**

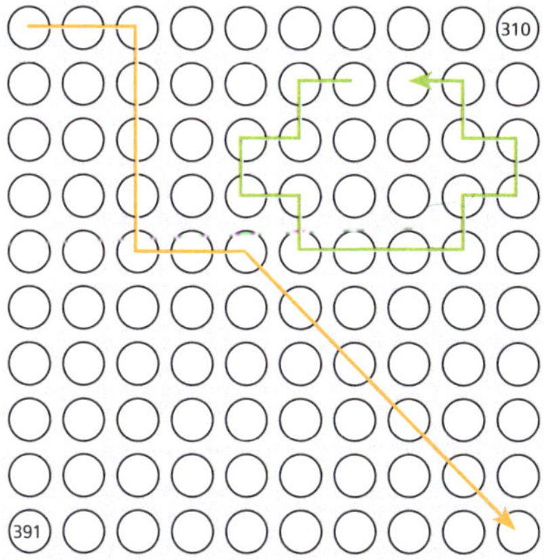

orange: 301, ...

....

....

grün: ....

....

....

3 **Welche die Zahlen fehlen? Trage sie ein.**

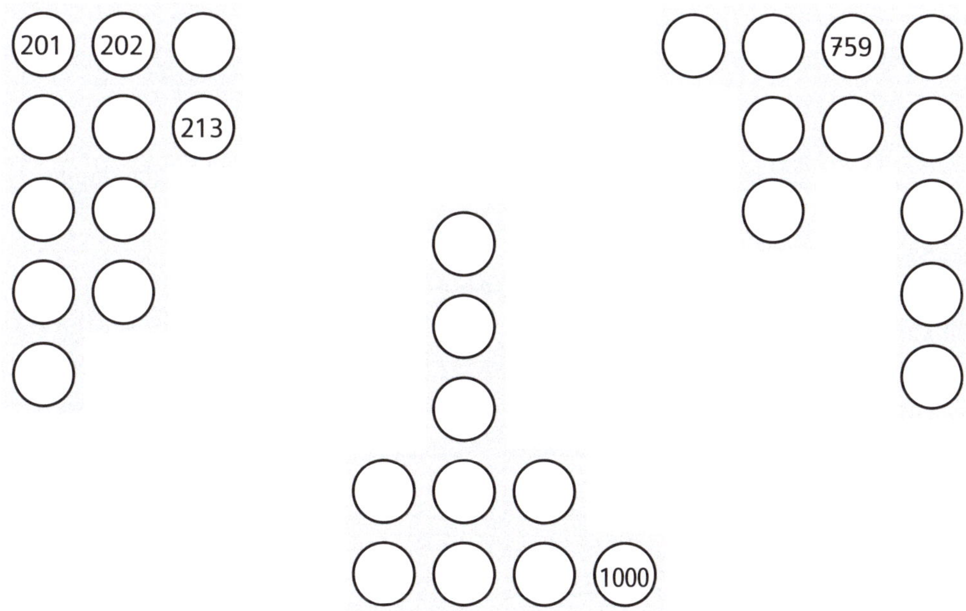

Hier kannst du deinen Erfolgssticker einkleben.

Zahlenstrahl

Auf dem Zahlenstrahl stehen alle Zahlen in einer Reihe nebeneinander. Jede Zahl hat Nachbarn.

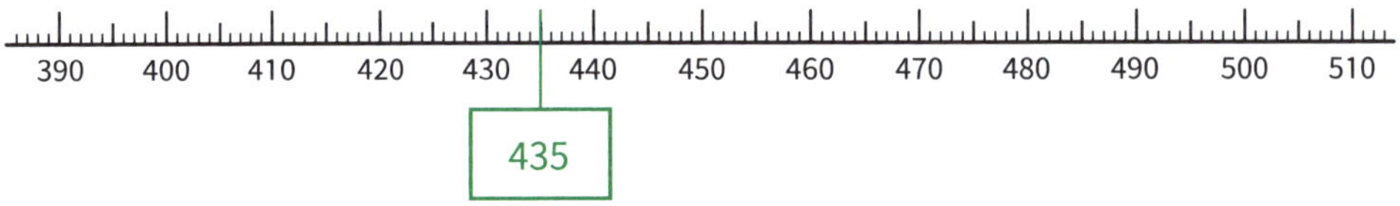

Nachbareiner:
Nachbarzehner:
Nachbarhunderter:

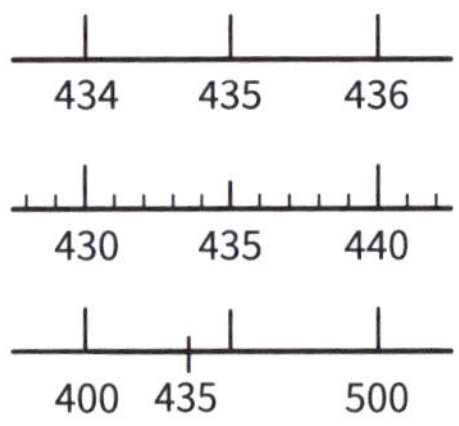

1 **Ergänze die fehlenden Zahlen.**

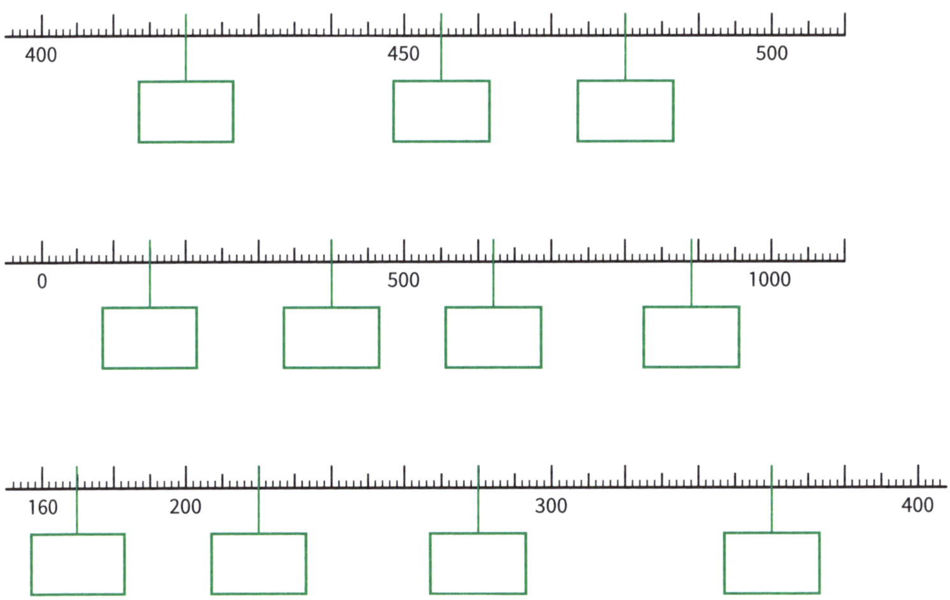

2 **Welche Zahlen kannst du an den Zahlenstrahl schreiben? Trage passende Zahlen ein. Streiche nicht passende durch.**

900, 110, 625, 40, 750, 560, 600, 250, 810, 490, 980

3 **Ergänze die Tabelle.**

Nachbarzahlen			Nachbarzehner			Nachbarhunderter		
N	Zahl	N	NZ	Zahl	NZ	NH	Zahl	NH
296	297		470	478		200	205	
	430			57			782	
	699			600			996	
	900			591			400	

4 **Ordne die Zahlen der Größe nach. Beginne mit der kleinesten Zahl.**

85, 910, 15, 205, 102, 989, 1000, 899, 100, 998, 583, 210

....

....

Hier kannst du deinen Erfolgssticker einkleben.

Zahlen runden

Manchmal können wir mit großen Zahlen leichter umgehen, wenn wir sie runden. Es gibt dafür feste Regeln.

Runden auf Zehner:

Endziffer kleiner (<) 5:	abrunden:	834 ~ 830
Endziffer größer oder gleich (≥) 5:	aufrunden:	835 ~ 840

Runden auf Hunderter:

Zehnerstelle kleiner (<) 5:	abrunden:	249 ~ 200
Zehnerstelle größer oder gleich (≥) 5:	aufrunden:	251 ~ 300
		250 ~ 300

1 Runde auf Zehner.

243 ≈ ....   85 ≈ ....

661 ≈ ....   725 ≈ ....

2 Runde auf Hunderter.

820 ≈ ....   995 ≈ ....

89 ≈ ....   408 ≈ ....

3 **Überprüfe, ob richtig gerundet wurde. Korrigiere falsche Ergebnisse.**

Runde auf Zehner.

912 ≈ 900	444 ≈ 440	445 ≈ 440
291 ≈ 300	301 ≈ 310	990 ≈ 1000

Runde auf Hunderter.

707 ≈ 700	149 ≈ 200	454 ≈ 450
291 ≈ 200	550 ≈ 500	302 ≈ 300

4 **Wie hoch sind die Gebäude ungefähr? Runde auf Zehnerzahlen.**

.... m .... m .... m

Hier kannst du deinen Erfolgssticker einkleben.

Mit Zehner- und Hunderterzahlen rechnen

Beim Rechnen mit Zehnerzahlen und Hunderterzahlen hilft dir die **Analogieaufgabe**:

7 + 2 = 9
70 + 20 = 90
700 + 200 = 900

8 − 5 = 3
80 − 50 = 30
800 − 500 = 300

1 **Berechne.**

6 + 2 =
60 + 20 =
600 + 200 =

5 + 4 =
50 + 40 =
500 + 400 =

2 **Berechne.**

8 − 6 =
80 − 60 =
800 − 600 =

9 − 5 =
90 − 50 =
900 − 500 =

3 **Berechne.**

30 + 15 =
300 + 150 =

68 + 20 =
680 + 200 =

4 Berechne.

81 − 40 =

810 − 400 =

70 − 33 =

700 − 330 =

5 Finde die passende Analogieaufgabe.

500 − 200 =

50 − =

660 − 430 =

700 + 300 =

350 − 60 =

Hier kannst du deinen Erfolgssticker einkleben.

Über den Hunderter rechnen

Wenn du Zahlen geschickt zerlegst, kannst du leichter rechnen. Rechne erst bis zum nächsten Hunderter. Rechne dann mit dem Rest weiter.

Beispiele:

890 + 15

15 = 10 + 5

890 + 15 = 905
890 + 10 = 900
900 +   5 = 905

403 – 7

7 = 3 + 4

403 – 7 = 396
403 – 3 = 400
403 – 4 = 396

1 Zeichne am Zahlenstrahl und rechne analog.

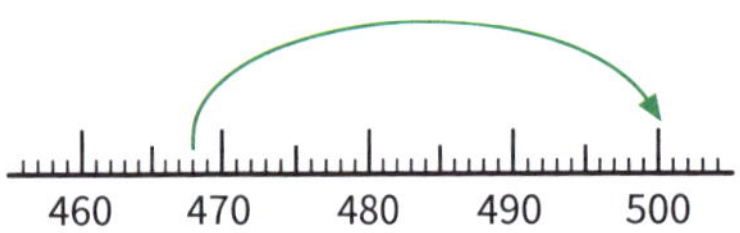

468 + ... = 500

668 + ... = 700

268 + ... = 300

715 + ... = 734

815 + ... = 834

915 + ... = 934

2 Zeichne am Zahlenstrahl und rechne die Analogaufgaben.

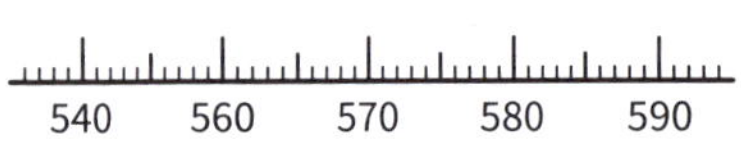

573 – .... = 545

173 – .... = 145

373 – .... = 345

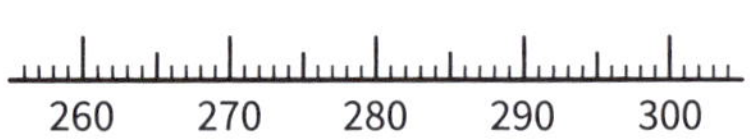

294 – .... = 270

494 – .... = 470

794 – .... = 770

TIPP Bei Problemen mit dem Zahlenstrahl schau auf Seite 12/13 nach!

3 **Fülle die Rechenhäuser aus. Die Summe jeder Etage ergibt das Dach.**

300	
293	7
225	
267	

700	
684	
609	
656	

1000	
941	
932	
975	

4 **Berechne.**

360 + 49 =
360 + 40 =
400 + 9 =

780 + 35 =
___ ___
___ ___

604 − 9 =
604 − 4 =
___ − 5 =

420 − 32 =
___ ___
___ ___

594 + 26 =
___ + ___ =
___ + ___ =

809 − 40 =
___ ___
___ ___

Hier kannst du deinen Erfolgssticker einkleben.

Halbschriftlich addieren

Das halbschriftliche Addieren erleichtert dir das Rechnen. Es gibt verschiedene Rechenwege. Du musst immer geschickt zerlegen und zusammenfassen.

Beispiel: 257 + 648 = 905

257 + 648 = 905	
200 + 600 = 800	Addiere die Hunderter.
50 + 40 = 90	Addiere die Zehner.
7 + 8 = 15	Addiere die Einer.
800 + 90 + 15 = 905	Addiere die Teilergebnisse.

1 Berechne.

123 + 446 =

100 + 400 = ...

.... + ... = ...

.... + ... = ...

500 + ... + ... = ...

386 + 525 =

.... + ... = ...

.... + ... = ...

.... + ... = ...

.... + ... + ... = ...

2 Addiere halbschriftlich.

276 + 517

864 + 98

TIPP Bist du noch fit? Dann schau dir meine Rechentricks an. Sie sind schwierig, aber wenn du sie verstanden hast, kannst du leichter rechnen!

Trick A: Tauschaufgabe

67 + 220 = ?

220 + 67 = 287

Trick B: Nachbaraufgabe

743 + 89 = 832

– 3 / + 3

740 + 89 = 829

3 Rechne mit Trick A.

36 + 562 = ...

562 + ... = ...

120 + 372 = ...

.... + ... = ...

4 Rechne mit Trick B.

255 + 77 = ...

.... + ... = ...

688 + 34 = ...

.... + ... = ...

Hier kannst du deinen Erfolgssticker einkleben.

Halbschriftlich subtrahieren

Das halbschriftliche Subtrahieren erleichtert dir das Rechnen.
Es gibt verschiedene Rechenwege, bei allen musst du schrittweise vorgehen. Zerlege die Zahl, die du subtrahieren willst.

Beispiel: 756 + 287 = 469

756 – 287 = 469

756 – 7 = 749	Subtrahiere die Einer.
749 – 80 = 669	Subtrahiere die Zehner.
669 – 200 = 469	Subtrahiere die Hunderter.

1 **Berechne.**

657 – 49 =

657 – 9 = ...

.... – .... = ...

935 – 742 =

.... – .... = ...

.... – .... = ...

.... – .... = ...

2 **Subtrahiere halbschriftlich.**

463 – 78

826 – 317

TIPP Auch bei Minus gibt es verschiedene Rechentricks. Scheu dir meine Tricks genau an und löse dann die Aufgaben auf dieser Seite.

Trick C: Nachbaraufgabe

457 – 39 = 418

+ 2 ↓ ↑ – 2

459 – 39 = 420

Trick D: gleichsinnig verändern

436 – 68 = 368

+ 2 ↓ + 2 ↓

438 – 70 = 368

3 Rechne mit Trick C.

274 – 89 = ...

.... – .... = ...

533 – 148 = ...

.... – .... = ...

4 Rechne mit Trick D.

344 – 96 = ...

↓ ↓

.... – .... = ...

521 – 73 = ...

↓ ↓

.... – .... = ...

Hier kannst du deinen Erfolgssticker einkleben.

Addition und Subtraktion bis 1000

Überschlag

Bei schwierigen Rechnungen mit großen Zahlen kannst du die Zahlen runden, um abzuschätzen, ob dein Ergebnis richtig sein kann. So eine Rechnung im Kopf nennt man **Überschlagrechnung**.

Beispiel:	**384 + 537 ≈ 900**	**819 – 274 ≈ 500**
Überschlag:	400 + 500 = 900	800 – 300 = 500

1 Schreibe die Überschlagrechnung und rechne im Kopf

243 + 192 ≈ ....

Ü: .... – .... = ...

489 – 390 ≈ ....

Ü: .... – .... = ...

219 + 783 ≈ ....

Ü: .... – .... = ...

TIPP Die Regeln für das Runden findest du auf S. 14.

2 Trage <, > oder = ein.

345 + 553 990

123 + 489 600

765 – 432 300

168 + 273 .... 200 + 300

781 – 220 .... 800 – 200

526 – 398 .... 500 – 400

3 **In welche Ergebniskisten gehören die Aufgaben? Verbinde passend.**

749 – 497

134 + 76

976 – 598

159 + 150

666 – 269

327 – 153

4 **Überschlage erst, rechne dann halbschriftlich.**

125 + 367 = ...

Ü: .... + ... = ...

518 – 279 ≈ ....

Ü: .... – .... = ...

Hier kannst du deinen Erfolgssticker einkleben.

Schriftlich Addieren ohne Übertrag

Schwierige Additionsaufgaben kannst du schriftlich rechnen.

Beispiel: 235 + 423 Ü: 200 + 400 = 600

	H	Z	E
	□□	|||	○○○○○
+	□□□□	||	○○○
	□□□□□ □	|||||	○○○○○ ○○○

	H	Z	E
	2	3	5
+	4	2	3
	6	5	8

TIPP

Rechne so:
E: 3 + 5 = 8
Z: 2 + 3 = 5
H: 4 + 2 = 6

1 Ergänze die Tabelle.

	H	Z	E
	□□	||||	○○○
+			

	H	Z	E
	2	4	3
+	2	3	5

	H	Z	E
+			

	H	Z	E
	5	0	4
+		7	5

2 **Überschlage erst, rechne dann.**

Ü: ....

	H	Z	E
	5	4	3
+	2	1	5

Ü: ....

	H	Z	E
	1	7	2
+	8	0	6

3 **Überschlage erst, rechne dann.**

184 + 215 = ...

Ü: ....

	H	Z	E
+			

93 + 701 = ...

Ü: ....

	H	Z	E
+			

340 + 506 = ...

Ü: ....

	H	Z	E
+			

345 + 124 = ...

Ü: ....

	H	Z	E
+			

Hier kannst du deinen Erfolgssticker einkleben.

Schriftlich Subtrahieren ohne Übertrag

Auch beim Subtrahieren kannst du schriftlich rechnen. Es gibt zwei verschiedene Methoden. Entscheide dich für eine.

Beispiel: 348 – 241 Ü: 300 – 200 = 100

	H	Z	E
	□□□	||||	○○○○○○○○
–	□□	||||	○
	□		○○○○○○○

	H	Z	E
	3	4	8
–	2	4	1
	1	0	7

TIPP

Abziehen:
E: 8 – 1 = 7
Z: 4 – 4 = 0
H: 3 – 2 = 1

TIPP

Ergänzen:
E: 1 + 7 = 8
Z: 4 + 0 = 4
H: 2 + 1 = 3

1 Überschlage erst, rechne dann.

	H	Z	E
	6	8	4
–	4	3	2

	H	Z	E
	8	7	3
–	7	1	3

	H	Z	E
	5	5	5
–	2	0	2

	H	Z	E
	5	0	6
–	5	0	4

2 Rechne.

```
  3 4 7      9 3 2      6 5 9
- 1 2 3    - 8 0 2    -   4 5
-------    -------    -------
```

3 Ergänze die fehlenden Ziffern.

```
  5   5        7 4          9 6
- 4 2        - 3   8      - 6
-------      -------      -------
    7 3          1 1      3 3 3
```

4 Berechne.

867 – 534

985 – 382

573 – 402

789 – 555

Hier kannst du deinen Erfolgssticker einkleben.

Schriftlich Addieren mit Übertrag

Beim schriftlichen Addieren gibt es oft Überträge.

Beispiel: 167 + 225 Ü: 200 + 200 = 400

	H	Z	E
	□	IIIII I	○○○○○ ○○
+	□□	II	○○○○○
	□□□	IIIII III	← ○○○○○ ○○○○○ ○○
	□□□	IIIII IIII	○○

	H	Z	E
	1	6	7
+	2	2	5
		1	
	3	9	2

E: 5 + 7 = 12

Tausche 10 E in 1 Z, schreibe 2, übertrage 1.

Z: 1 + 2 + 6 = 9, schreibe 9

H: 2 + 1 = 3, schreibe 3.

1 Fülle die Tabelle aus und rechne.

	H	Z	E
	□□□□□ □	IIIII II	○○
+			

	H	Z	E
	6	7	2
+	1	5	9

2 Überschlage erst, rechne dann.

Ü: ....

	H	Z	E
		4	5
+	2	3	9

Ü: ....

	H	Z	E
	3	5	8
+	5	6	1

3 Berechne.

```
  1 7 4        2 4 4        3 4 5
+ 3 4 5      + 4 5 6      + 5 6 7
-------      -------      -------
```

4 Bilde jeweils die größte und die kleinste Zahl. Addiere.

a) ①②⑧ b) ②⑥⑥ c) ⑤⑤③

```
a    1 2 8
   + 8 2 1
   -------
```

5 Ergänze die fehlenden Ziffern.

```
  4 3 6        5   4          2 9
+ 2   3      + 3 7          + 8   1
-------      -------        -------
    8          9 6            5
```

Hier kannst du deinen Erfolgssticker einkleben.

Schriftlich Subtrahieren mit Übertrag

Beim schriftlichen Subtrahieren gibt es oft Überträge. Rechne mit der Methode, die du in der Schule gelernt hast.

Beispiel: 475 – 118 Ü: 500 – 100 = 400

Abziehen

Subtrahiere von oben nach unten

	H	Z	E
		6	10
–	4	~~7~~	5
	1	1	8
	3	5	7

E: 5 – 8 geht nicht.
Tausche 1 Z in 10 E, dann sind es 15 E – 8 E = 7 E. Es bleiben 6 Z.
Z: 6 – 1 = 5
H: 4 – 1 = 3

Ergänzen

Ergänze von unten nach oben.

	H	Z	E
			10
	4	7	5
–	1	1	8
		1	
	3	5	7

E: 8 + ___ = 5 geht nicht.
Ergänze einen Zehner: 8 + 7 = 15.
Schreibe 7, übertrage 1.
Z: 2 + 5 = 7
H: 1 + 3 = 4

1 Überschlage erst, rechne dann.

	H	Z	E
	5	1	3
–	3	4	2

	H	Z	E
	8	7	0
–	4	5	6

Fit in der Grundschule
10-Minuten-Trainer

Mein Stickerbogen

Für jede gelöste Doppelseite in diesem Arbeitsheft darfst du dich mit einem **Erfolgssticker** belohnen.
Suche dir einfach einen Sticker aus und klebe ihn in das dafür vorgesehene Feld am Ende jeder Doppelseite.

Illustrationen: Hans-Jürgen Feldhaus

960.265

2 Berechne.

$$\begin{array}{r} 732 \\ -\,329 \\ \hline \end{array} \qquad \begin{array}{r} 384 \\ -\,194 \\ \hline \end{array} \qquad \begin{array}{r} 975 \\ -\,707 \\ \hline \end{array}$$

$$\begin{array}{r} 821 \\ -\,456 \\ \hline \end{array} \qquad \begin{array}{r} 230 \\ -\,145 \\ \hline \end{array} \qquad \begin{array}{r} 384 \\ -\,239 \\ \hline \end{array}$$

3 Ergänze die fehlenden Ziffern.

$$\begin{array}{r} \_\,7\,3 \\ -\,3\,\_\,\_ \\ \hline 4\,1 \end{array} \qquad \begin{array}{r} 5\,4\,\_ \\ -\,\_\,\_\,2 \\ \hline 2\,3\,5 \end{array} \qquad \begin{array}{r} 4\,\_\,4 \\ -\,\_\,8\,\_ \\ \hline 3\,0 \end{array}$$

Hier kannst du deinen Erfolgssticker einkleben.

Schriftliche Addition und Subtraktion

Mit Kommazahlen rechnen

Beim Rechnen mit Kommazahlen muss immer Komma genau unter Komma stehen.

Beispiel:

```
  7,95        – 9,99
+ 1,80        – 4,25
   1
______        ______
+ 9,75        – 5,74
```

Ü: 8 + 2 = 10   Ü: 10 – 4 = 6

1 **Überschlage erst, dann rechne.**

3,95 + 1,25

8,69 – 3,70

6,66 – 0,99

2,59 + 3,44

2 **Verbinde mit dem richtigen Überschlag.**

1,85 + 7,07	1,58 + 7,70	1,28 + 7,77
2 + 8	1 + 8	2 + 7

3 **Schreibe untereinander und rechne. Prüfe mit dem passenden Überschlag.**

1,99 + 2,50	8,30 – 4,28	70,5 – 49,9
2,34 + 3,09 + 1,60	36,6 + 47,5	34,7 + 58,6

Hier kannst du deinen Erfolgssticker einkleben.

Mit Zehner- und Hunderterzahlen multiplizieren

Beim Multiplizieren von Zehner- und Hunderterzahlen hilft dir die Analogieaufgabe aus dem kleinen Einmaleins.

Beispiel: **2 · 400**

○○○○	○○○○	2 · 4 = 8	2 · 4 E = 8 E
IIII	IIII	2 · 40 = 80	2 · 4 Z = 8 Z
□□□□	□□□□	2 · 400 = 800	2 · 4 H = 8 H

1 **Berechne.**

3 · 3 = ...	4 · 2 = ...	2 · 5 = ...
3 · 30 = ...	40 · 2 = ...	20 · 5 = ...
3 · 300 = ...	400 · 2 = ...	200 · 5 = ...

2 **Berechne.**

5 · 3 = ...	7 · 8 = ...	6 · 4 = ...
5 · 30 = ...	70 · 8 = ...	6 · 40 = ...

3 Berechne.

2 · 4 = ... 1 · 9 = ... 3 · 2 = ...

20 · 40 = ... 10 · 90 = ... 30 · 20 = ...

4 Rechne zuerst die Analogieaufgabe aus dem kleinen Einmaleins.

..4.. · .... = ... · .... = ... · .... = ...

4 · 80 = ... 30 · 30 = ... 9 · 70 = ...

5 Multipliziere.

·	50	20	70
9			
4			
6			

·	4	9	8
70			
30			
80			

Hier kannst du deinen Erfolgssticker einkleben.

Durch Zehner- und Hunderterzahlen dividieren

Beim Dividieren durch Zehner- und Hunderterzahlen hilft dir die Analogieaufgabe aus dem kleinen Einmaleins.

Beispiel:		
	420 : 70	900 : 300
	42 : 7 = 6	9 : 3 = 3
	42 Z : 7 Z = 6	9 H : 3 H = 3
	420 : 70 = 6	900 : 300 = 3

TIPP Streiche auf beiden Seiten gleich viele Nullen weg! Und achte darauf, dass es wirklich gleich viele sind: 800 : 40 = 20, denn man kann eine Null streichen zu 80 : 4 = 20, nicht zwei zu 8 : 4 = 2!

1 Berechne.

18 : 3 = ...	35 : 7 = ...
180 : 30 = ...	350 : 70 = ...
25 : 5 = ...	36 : 6 = ...
250 : 50 = ...	360 : 60 = ...

2 Berechne.

800 : 200 = ...	480 : 60 = ...
720 : 90 = ...	1000 : 50 = ...
1000 : 200 = ...	1000 : 500 = ...

3 **Schreibe und rechne zuerst die Analogieaufgabe.**

280 : 70 = ...

28 : .... = ...

240 : 60 = ...

.... : .... = ...

320 : 40 = ...

.... : .... = ...

450 : 50 = ...

.... : .... = ...

Beim Dividieren einer Hunderterzahl durch eine einstellige Zahl kannst du so rechnen:

480 : 6

48 : 6 = 8

48 Z : 6 = 8 Z

480 : 6 = 80

4 **Berechne.**

600 : 3 = ...

600 : 30 = ...

600 : 300 = ...

720 : 8 = ...

720 : 80 = ...

560 : 7 = ...

560 : 70 = ...

5 **Hier haben sich Fehler eingeschlichen. Rechne die Aufgabe richtig.**

900 : 300 = 300 f

900 : 300 = ...

720 : 9 = 8 f

720 : 9 = ...

Hier kannst du deinen Erfolgssticker einkleben.

Halbschriftlich multiplizieren

Beim halbschriftlichen Multiplizieren zerlegst du die große Zahl.

Beispiel: 6 · 138

$6 \cdot 138 = 828$	Rechne so:
$6 \cdot 100 = 600$	Multipliziere die Hunderter
$6 \cdot 30 = 180$	Multipliziere die Zehner
$6 \cdot 8 = 48$	Multipliziere die Einer
$600 + 180 + 48 = 828$	Addiere die Teilergebnisse.

Kurzform: $6 \cdot 138 = 600 + 180 + 48 = 828$

1 Berechne.

8 · 112 =	4 · 207 =
8 · 100 = ...	.... · .... = ...
.... · .... = ...	.... · .... = ...
.... · .... = ...	.... · .... = ...
.... + ... + ... = ...	.... + ... + ... = ...

Die Teilergebnisse kannst du auch schriftlich addieren!

2 Berechne.

$6 \cdot 28 =$

$6 \cdot 20 =$

$5 \cdot 54 =$

3 Berechne.

$46 \cdot 3 =$

$17 \cdot 8 =$

4 Berechne.

$7 \cdot 123 =$

$3 \cdot 266 =$

5 Berechne.

$2 \xrightarrow{\cdot 3}$ .... $\xrightarrow{\cdot 4}$ .... $\xrightarrow{\cdot 5}$ ....

$8 \xrightarrow{\cdot 5}$ .... $\xrightarrow{\cdot 4}$ .... $\xrightarrow{\cdot 3}$ ....

Hier kannst du deinen Erfolgssticker einkleben.

Halbschriftlich dividieren

Beim halbschriftlichen Dividieren zerlegst du die große Zahl.

Beispiel: 875 : 138

875 : 7 = 125	Rechne so:
700 : 7 = 100	Es bleiben 175 übrig.
140 : 7 = 20	Es bleiben 35 übrig.
35 : 7 = 5	
100 + 20 + 5 = 125	Addiere die Teilergebnisse.

Kurzform: 875 : 7 = 100 + 20 + 5 = 125

1 Berechne.

896 : 8 =
800 : 8 = ...
80 : 8 = ...
.... : .... = ...
.... + ... + ... = ...

276 : 6 =
240 : 6 = ...
.... : .... = ...
.... + ... = ...

2 Berechne.

72 : 4 =
40 : 4 =

95 : 5 =

3 Berechne.

a) 210 : 6 = ______

180 : 6 =

b) 168 : 6 = ______

Beim Dividieren bleibt manchmal ein Rest. Schreibe und rechne dann so:

Beispiel: 423 : 5 =

423 : 5 = 84 Rest 3
400 : 5 = 80
23 : 5 = 4 Rest 3

80 + 4 + Rest 3 — Addiere die Teilergebnisse.

4 Berechne. Achtung! Es bleibt ein Rest.

367 : 5 = ______
300 : 5 = ...
.... : .... = ...
.... : .... = ... R ....
.... + ... + ... + R ....

523 : 3 = ______
300 : 3 = ...
.... : .... = ...
.... : .... = ... R ....
.... + ... + ... + R ....

Hier kannst du deinen Erfolgssticker einkleben.

Überschlag und Probe

Auch beim Multiplizieren und Dividieren mit großen Zahlen ist es wichtig, das Ergebnis schnell zu überschlagen und mit einer Probe zu prüfen, ob du richtig gerechnet hast.

Beispiel Überschlag:

$72 \cdot 8$

Ü: $70 \cdot 8 = 560$

Das Ergebnis ist ungefähr 560.

$396 : 9$

Ü: $360 : 9 = 40$

Das Ergebnis ist ungefähr 40.

Beispiel Probe: Rechne zur Überprüfung stets die Umkehraufgabe.

Beim Multiplizieren:

$43 \cdot 6 = 240 + 18 = 258$

P: $258 : 6 = 40 + 3 = 43$

Beim Dividieren:

$72 : 4 = 10 + 8 = 18$

P: $18 \cdot 4 = 40 + 32 = 72$

1 Überschlage erst, rechne dann genau.

$234 \cdot 3$

Ü: ……………………………

$67 \cdot 9$

Ü: ……………………………

$354 : 6$

Ü: ……………………………

2 **Welche Ergebnisse können nicht stimmen? Überschlage. Schreibe ein rotes f hinter die falschen Ergebnisse.**

30 · 29 = 290	567 : 7 = 81	325 · 3 = 675

3 **Dividiere. Kontrolliere mit der Probe.**

228 : 4 = ...

P: ....

889 : 7 = ...

P: ....

621 : 3 = ...

P: ....

963 : 9 = ...

P: ....

4 **Multipliziere. Kontrolliere mit der Probe.**

48 · 7 = ...

P: ....

34 · 9 = ...

P: ....

39 · 8 = ...

P: ....

156 · 4 = ...

P: ....

Hier kannst du deinen Erfolgssticker einkleben.

Mit Geld rechnen

Die Einheiten unseres Geldes sind Euro (€) und Cent (ct). Es gilt:

1 € = 100 ct

Außerdem solltest du wissen, welche Scheine und Münzen es gibt. Zum Rechnen ist es sinnvoll, alle Angaben in die gleiche Einheit umzuwandeln.

Beispiel: 2,50 € + 30 ct – 1 € 50 ct = 250 ct + 30 ct – 150 ct

= 130 ct = 1 € 30 ct = 1,30 €

Bei Geldbeträgen wird oft mit **Kommazahlen** gerechnet. Schreibe dann immer Komma unter Komma.

Beispiel:

```
  3,10 €
+ 1,25 €
--------
  4,35 €
```

1 Wandle in eine sinnvolle Einheit um. Rechne.

7 € + 230 ct + 70 ct = ...

100 € – 60 € + 800 ct = ...

4,10 € – 5 · 40 ct = ...

5 € : 10 + 3 € 80 ct = ...

TIPP Denke an Punkt- vor Strichrechnung!

2 **Färbe gleiche Geldbeträge mit der gleichen Farbe.**

2,95 €   30 ct   0,25 €   250 ct

0,30 €   95 ct   0,29 €   0,09 €

29 ct   9 ct   25 ct   295 ct   0 € 9 ct

2,50 €   0 € 3 ct   0 € 30 ct   2 € 95 ct

3 **Wandle die Angaben in €-Beträge um, wenn nötig als Kommazahl. Schreibe untereinander und addiere.**

4 € 3 ct + 257 ct + 60 ct

```
    4 , 0 3 €
  + 2 , 5 7 €
  + 0 , 6 0 €
  ___________
```

237 ct + 9 ct + 333 ct

99 ct + 3 € 25 ct + 75 ct

0 € 5 ct + 7 € 0 ct + 55 ct + 188 ct

Hier kannst du deinen Erfolgssticker einkleben.

Mit Größen rechnen

Mit Längen rechnen

Beim **Umgang mit Längen** ist es wichtig, dass du die verschiedenen Maßeinheiten kennst.

Sehr große Längen werden in Kilometer (km), große Längen in Metern (m), kleine Längen in Dezimetern (dm) und Zentimeter (cm) und ganz kleine in Millimeter (mm) gemessen.

Wenn du mit Längen rechnest, ist es sinnvoll, alle Angaben in die gleiche Einheit umzuwandeln.

Hierfür gilt: 1 km = 1 000 m
1 m = 10 dm = 100 cm
1 dm = 10 cm
1 cm = 10 mm

Beispiel: 60 cm – 20 mm = 600 mm – 20 mm = 580 mm = 58 cm

1 **Welche Längenangaben kommen vor? Ordne nach der Größe.**

....

....

2 Wandle in eine sinnvolle Einheit um.

300 mm = ... 800 cm = ...

0,05 m = ... 0,6 km = ...

3 Wandle in eine sinnvolle Einheit um. Rechne.

300 cm + 0,02 km + 45 m = ...

4,16 m + 22 cm + 30 mm = ...

4000 km + 10 · 0,1 km = ...

TIPP

Rechne erst die Malaufgabe.
Es gilt immer: Punktrechnung vor Strichrechnung!

4 Wie viele Meter haben die Kinder geworfen? Rechne.

Bundesjugendspiele!
Tom wirft 200 dm.
Lotta wirft 4 m weiter als Tom.
Leni wirft halb so weit wie Lotta.
Florians Wurf ist 100 cm weiter als Lenis.

Tom: .... m Lotta: .... m

Leni: .... m Florian: .... m

Hier kannst du deinen Erfolgssticker einkleben.

Mit Größen rechnen

Mit Gewichten rechnen

Beim **Umgang mit Gewichten** ist es wichtig, dass du die verschiedenen Maßeinheiten kennst.

Kleine Gewichte werden in Gramm (g), mittlere in Kilogramm (kg) und gro0e Gewichte in Tonnen (t) gemessen.

Wenn du mit Gewichten rechnest, ist es sinnvoll, alle Angaben in die gleiche Einheit umzuwandeln.

Hierfür gilt: **1 t = 1 000 kg**
1 kg = 1 000 g

Beispiel: 0,3 kg + 60 g = 300 g + 60 g = 360 g

1 **Welcher Gegenstand hat welches Gewicht? Verbinde.**

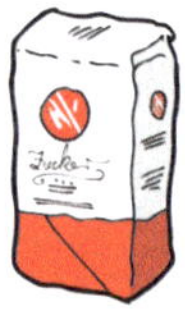

- 1,5 t
- 30 kg
- 1 g
- 1 kg
- 100 g
- 5 g

2 **Wandle in eine sinnvolle Einheit um.**

1 000 kg = ... 0,3 kg = ...

1 000 g = ... 0,2 t = ...

780 g = ... 0,01 t = ...

3 **Wandle in eine sinnvolle Einheit um und rechne.**

80 g + 0,2 kg + 450 g = 0,5 t – 100 kg + 3 · 20 kg =

0,02 t + 1 000 kg – 421 kg = 1,4 kg + 0,005 t – 455 g =

4 **Ein Schlagball wiegt etwa 16-mal soviel wie ein Federball.**

Wie schwer ist ein Schlagball? Wie schwer sind 4 Schlagbälle?

TIPP Schau in Aufgabe 1 nach dem Gewicht des Federballs!

Hier kannst du deinen Erfolgssticker einkleben.

Mit Größen rechnen

Mit Litern rechnen

Beim Umgang mit Hohlmaßen/Rauminhalten ist es wichtig, dass du die verschiedenen Maßeinheiten kennst. Kleine Mengen werden in Millilitern (ml) gemessen, größere in Litern (l). Für ganz große Mengen gibt es Hektoliter (hl).

Für die Umrechnung gilt: **1 l = 1 000 ml**
1 hl = 100 l

Beispiele:

250 ml = 0,25 l = $\frac{1}{4}$ l   ein viertel Liter

500 ml = 0,5 l = $\frac{1}{2}$ l   ein halber Liter

750 ml = 0,75 l = $\frac{3}{4}$ l   ein dreiviertel Liter

1 Wieviel Flüssigkeit passt in die Behälter? Verbinde passend.

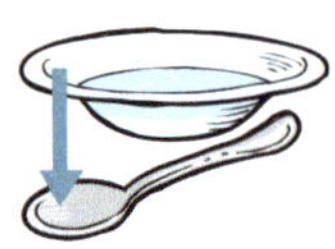

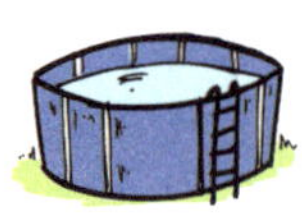

1 l

180 l

10 l

200 ml

45 hl

12 ml

2 **Wandle in Milliliter (ml) um.**

0,5 l = ...   0,75 l = ...

$\frac{1}{4}$ l = ...   2 l = ...

3 **Wandle in Liter (l) um.**

400 ml = ...   50 ml = ...

3 hl = ...   2,5 hl = ...

4 hl 750 ml = ...   5 hl 6 l = ...

4 **Wie viele Becher kannst du füllen? Male die Flüssigkeit in die Becher.**

Hier kannst du deinen Erfolgssticker einkleben.

Mit der Zeit rechnen

Für die Zeit gibt es viele verschiedene Maßeinheiten.
Die Umrechnung ist nicht ganz so einfach, weil du nicht einfach mit 10, 100 oder 1 000 malnehmen kannst.

Es gilt:
1 Minute (min) = 60 Sekunden (s)
1 Stunde (h) = 60 Minuten (min)
1 Tag (d) = 24 Stunden (h)
1 Woche = 7 Tage
1 Monat = 30 oder 31 Tage
1 Jahr = 12 Monate = 365 (366) Tage, ungefähr 52 Wochen

TIPP Der Februar hat 28 Tage. In einem Schaltjahr mit insgesamt 366 Tagen hat er 29 Tage.

1 Welche Zeiten sind gleich? Male in der gleichen Farbe an.

480 h	21 Tage	365 Tage	20 Tage	3 Wochen
15 min	12 Monate	420 Tage	900 s	

2 Wandle in Minuten um.

$\frac{3}{4}$ h = ... $2\frac{1}{2}$ h = ...

$\frac{1}{4}$ h = ... $5\frac{1}{4}$ h = ...

$1\frac{3}{4}$ h = ... $\frac{1}{2}$ h = ...

3 Wieviele Sekunden sind es?

3 min = ... 5 min = ... 15 min = ...

$\frac{1}{4}$ h = ... $5\frac{3}{4}$ min = ... $10\frac{1}{2}$ min = ...

4 Wieviele Stunden sind es?

3 Tage = ... 1 Woche = ... 120 min = ...

90 min = ... 2 Wochen = ... 900 s = ...

Vielen Dank, dass du in diesem Heft deine Zeit mit mir verbracht hast. Bis zum nächsten Mal!

Hier kannst du deinen Erfolgssticker einkleben.

Lösungen

Vom Hunderter zum Tausender

Seite 6

1. a) 1; 12; 23; 34; 45; 56; 67; 78; 89; 100
b) 1; 11; 21; 31; 32; 33; 40; 50; 55; 56;
60; 65; 75; 85; 89; 90; 99; 100

Seite 7

2.

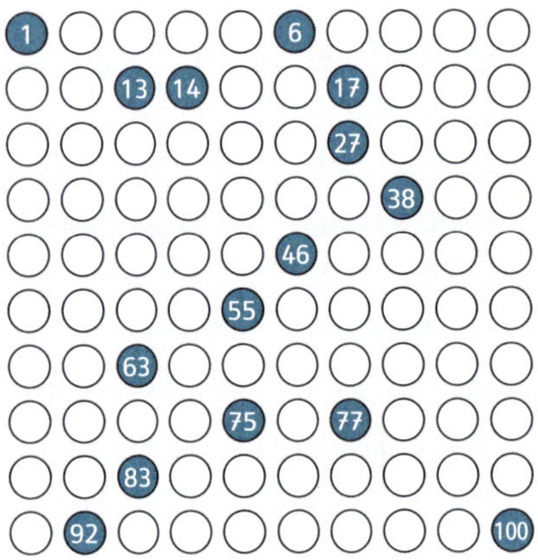

3.

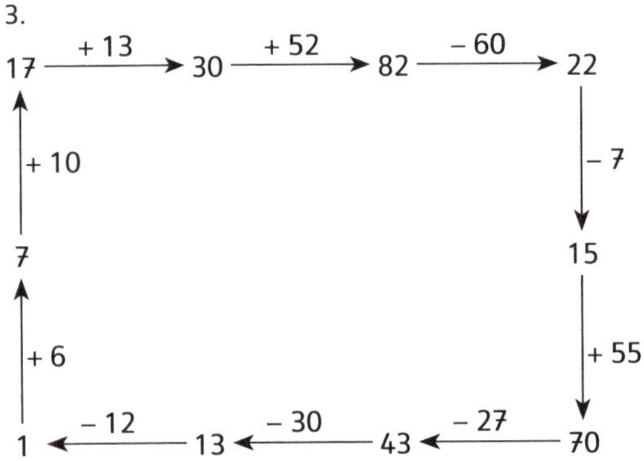

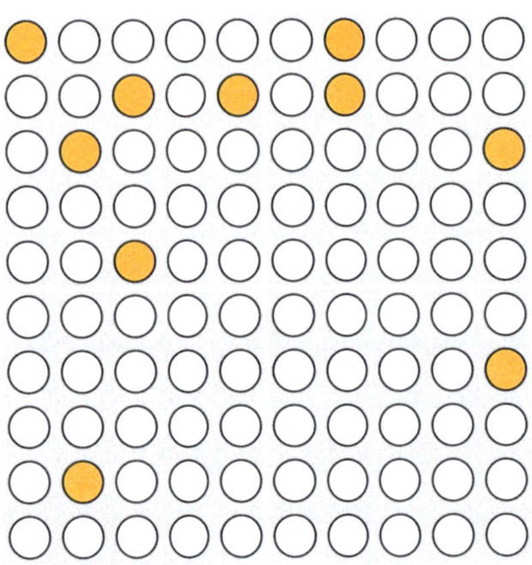

Seite 8

1.

Zahl	Stellenwerttafel	bildliche Darstellung
245	H Z E 2 4 5	
336	H Z E 3 3 6	
509	H Z E 5 0 9	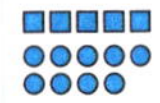
480	H Z E 4 8 0	

Seite 9

2. 354 230
707 903
1000 400
888 631

3. 745 = 700 + 40 + 5
310 = 300 + 10
546 = 500 + 40 + 6
805 = 800 + 5
333 = 300 + 30 + 3
999 = 900 + 90 + 9

4.

Zahl	Stellenwerttafel	bildliche Darstellung
193	H Z E 1 9 3	
481	H Z E 4 8 1	
482	H Z E 4 8 2	
606	H Z E 6 0 6	
990	H Z E 9 9 0	

Seite 10

1. a) 101; 112; 123; 134; 145; 156; 167; 178;
189; 200
b) 601; 611; 621; 631; 632; 633; 640; 650; 660;
663; 664; 665; 666; 675; 689; 690; 699; 700

Seite 11

2. a) orange: 301, 302, 303, 313, 323, 333, 343,
344, 345, 356, 367. 378. 389. 400
grün: 317; 316; 326; 325; 335; 336; 346; 347,
348, 349; 339; 340; 330; 329; 319; 318

3.

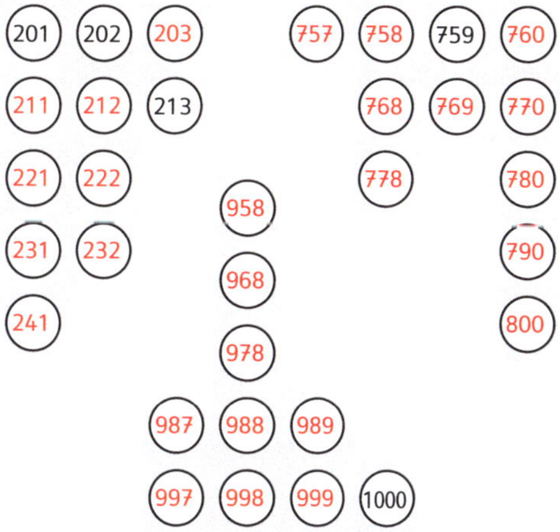

Seite 12

1.

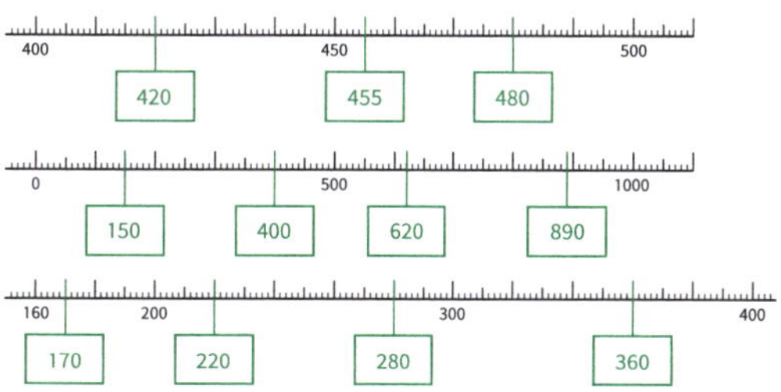

Seite 13

2. nicht eingetragen kann man hier 110; 40; 250

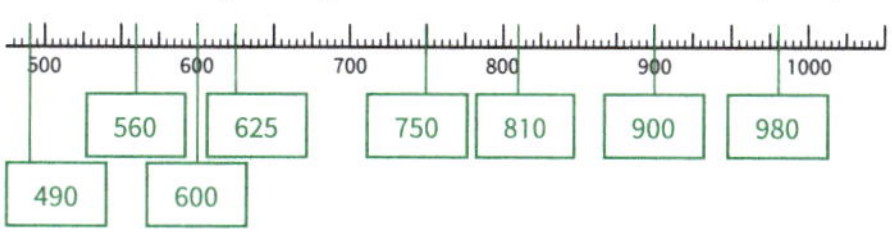

3.

Nachbarzahlen			Nachbarzehner			Nachbarhunderter		
N	Zahl	N	NZ	Zahl	NZ	NH	Zahl	NH
296	297	298	470	478	480	200	205	300
429	430	431	50	57	60	700	782	800
698	699	700	590	600	610	900	996	1000
899	900	901	590	591	600	300	400	500

4. 15 < 85 < 100 < 102 < 205 < 210 < 583 < 899 < 910 < 989 < 998 < 1000

Seite 14

1. 243 ≈ 240 85 ≈ 90
 661 ≈ 660 725 ≈ 730
2. 820 ≈ 800 995 ≈ 1000
 89 ≈ 100 408 ≈ 400

Seite 15

3. Runden auf Zehner:
 falsch; 912 ≈ 910
 richtig; 291 ≈ 300
 richtig; 444 ≈ 440
 falsch; 301 ≈ 300
 falsch; 445 ≈ 450
 falsch; 990 = 990
 Runden auf Hunderter
 richtig; 707 ≈ 700
 falsch; 291 ≈ 300
 falsch; 149 ≈ 100
 falsch; 550 ≈ 600
 falsch; 454 ≈ 500
 richtig; 302 ≈ 300
4. Pyramide: ≈ 140 m
 Kölner Dom: ≈ 160 m
 Fernsehturm: ≈ 370 m

Addition und Subtraktion bis 1000

Seite 16

1.

6 + 2 = 8
60 + 20 = 80
600 + 200 = 800

5 + 4 = 9
50 + 40 = 90
500 + 400 = 900

2.

8 – 6 = 2
80 – 60 = 20
800 – 600 = 200

9 – 5 = 4
90 – 50 = 40
900 – 500 = 400

3.

30 + 15 = 45
300 + 150 = 450

68 + 20 = 88
680 + 200 = 880

Seite 17

4.

81 − 40 = 41
810 − 400 = 410

70 − 33 = 37
700 − 330 = 370

5.

500 − 200 = 300
50 − 20 = 30

700 + 300 = 1000
70 + 30 = 100

660 − 430 = 230
66 − 43 = 23

350 − 60 = 290
35 − 6 = 29

Seite 18

1. 468 + 32 = 500
   668 + 32 = 700
   268 + 32 = 300

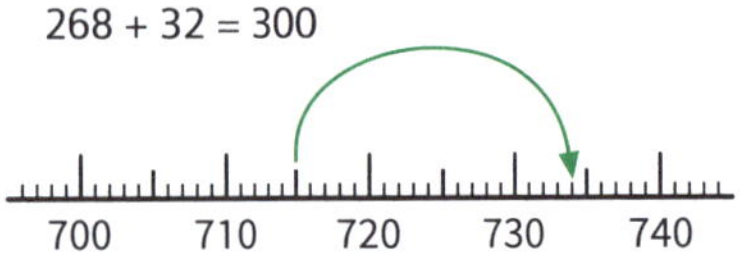

715 + 19 = 734
815 + 19 = 834
915 + 19 = 934

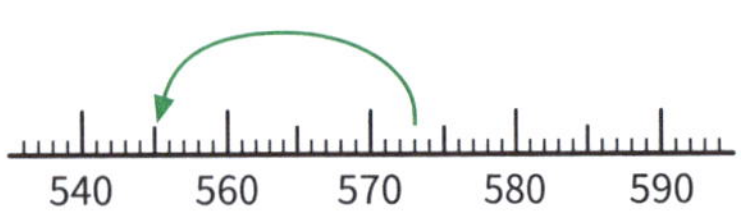

2. 573 − 28 = 545
   173 − 28 = 145
   373 − 28 = 345

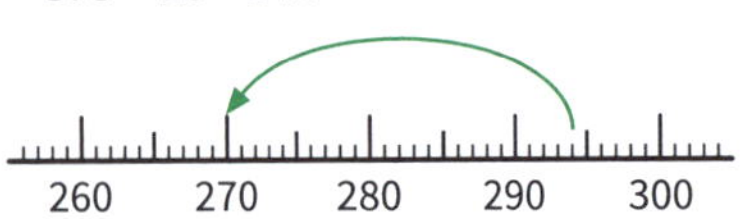

294 − 24 = 270
494 − 24 = 470
794 − 24 = 770

Seite 19

3.

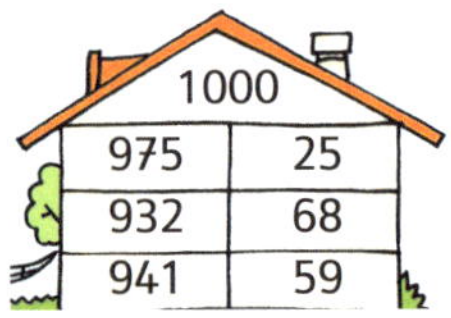

4.

360 + 49 = 409
360 + 40 = 400
400 + 9 = 409

780 + 35 = 815
780 + 30 = 810
810 + 5 = 815

604 − 9 = 595
604 − 4 = 600
600 − 5 = 595

420 − 32 = 388
420 − 30 = 390
390 − 2 = 388

594 + 26 = 620
594 + 6 = 600
600 + 20 = 620

809 − 40 = 769
809 − 9 = 800
800 − 31 = 769

Seite 20

1. **123 + 446 = 569**
   100 + 400 = 500
   20 + 40 = 60
   3 + 6 = 9
   500 + 60 + 9 = 569

386 + 525 = 911
300 + 500 = 800
80 + 20 = 100
6 + 5 = 11
800 + 100 + 11 = 911

2. **276 + 517 = 793**
200 + 500 = 700
70 + 10 = 80
6 + 7 = 13
700 + 80 + 13 = 793

864 + 98 = 962
800 + 0 = 800
60 + 90 = 150
4 + 8 = 12
800 + 150 + 12 = 962

Seite 21

3. 36 + 562 = 598
562 + 36 = 598

120 + 372 = 492
372 + 120 = 492

4. ↓−5 255 + 77 = 332 ↑
250 + 77 = 327 +5

↓−8 688 + 34 = 722 ↑
680 + 34 = 714 +8

Seite 22

1. **657 − 49 = 608**
657 − 9 = 648
648 − 40 = 608

935 − 742 = 193
935 − 2 = 933
933 − 40 = 893
893 − 700 = 193

2.

4	**6**	**3**	**−**		**7**	**8**	**=**	**3**	**8**	**5**
4	6	3	−			8	=	4	5	5
4	5	5	−		7	0	=	3	8	5

8	**2**	**6**	**−**	**3**	**1**	**7**	**=**	**5**	**0**	**9**
8	2	6	−			7	=	8	1	9
8	1	9	−		1	0	=	8	0	9
8	0	9	−	3	0	0	=	5	0	9

Seite 23

3. **274 − 89** ↓+1 **= 185** ↑
274 − 90 = 184 +1

↓+5 **533 − 148 = 385** ↑
538 − 148 = 390 −5

4. ↓+4 **344 − 96** ↑ **= 248**
348 − 100 −4 = 248

↓−3 **521 − 73** ↑ **= 448**
518 − 70 −3 = 448

Seite 24

1. 243 + 192 ≈ 400
Überschlag: 200 + 200 = 400

489 − 390 ≈ 100
Überschlag: 500 − 400 = 100

219 + 783 ≈ 1000
Überschlag: 200 + 800 = 1000

2. 345 + 553 < 990
123 + 489 > 600
765 − 432 > 300
168 + 273 < 200 + 300
781 − 220 < 800 − 200
526 − 398 > 500 − 400

Seite 25

3. Kasten 101 bis 200:
327 − 153 = 174
Kasten 201 bis 300:
749 − 497 = 252
134 + 76 = 210
Kasten 301 bis 400:
976 − 598 = 378
666 − 269 = 397
159 + 150 = 309

4. 125 + 367 ≈ 500
Überschlag: 100 + 400 = 500
125 + 367 = 492
100 + 300 = 400
20 + 60 = 80
5 + 7 = 12
400 + 80 + 12 = 492

518 − 279 ≈ 200
Überschlag: 500 − 300 = 200
518 − 279 = 239
518 − 9 = 509
509 − 70 = 439
439 − 200 = 239

Schriftliche Addition und Subtraktion

Seite 26

1.

	H	Z	E
	■■	||||	●●●
+	■■	|||	●●●●●
	■■■■	||||| ||	●●●●● ●●●

	H	Z	E
	2	4	3
+	2	3	5
	4	7	8

	H	Z	E
	■■■■		●●●●
+		||||| ||	●●●●●
	■■■■	||||| ||	●●●●● ●●●●

	H	Z	E
	5	0	4
+		7	5
	5	7	9

Seite 27

2. Ü: 500 + 200 = 700
   543 + 215 = 758
   Ü: 200 + 800 = 1000
   172 + 806 = 978
3. Ü: 200 + 200 = 400
   184 + 215 = 399
   Ü: 100 + 700 = 800
   93 + 701 = 794
   Ü: 300 + 500 = 800
   340 + 506 = 846
   Ü: 300 + 100 = 400
   345 + 124 = 469

Seite 28

1. Ü: 700 – 400 = 300

	H	Z	E
	6	8	4
–	4	3	2
	2	5	2

Ü: 900 – 700 = 200

	H	Z	E
	8	7	3
–	7	1	3
	1	6	0

Ü: 600 – 200 = 400

	H	Z	E
	5	5	5
–	2	0	2
	3	5	3

Ü: 500 – 500 = 0

	H	Z	E
	5	0	6
–	5	0	4
	0	0	2

Seite 29

2. 347 – 123 = 224
   932 – 802 = 130
   659 – 45 = 614
3.

	5	9	5
–	4	2	2
	1	7	3

	7	4	9
–	3	3	8
	4	1	1

	9	9	6
–	6	6	3
	3	3	3

4. 867 – 534 = 333
   985 – 382 = 603
   573 – 402 = 171
   789 – 555 = 234

Seite 30

1.

	H	Z	E
	■■■■■ ■	||||| ||	●●
+	■	|||||	●●●●● ●●●●
	■■■■■ ■■ ←	(||||| |||||) || ←	(●●●●● ●●●●●) ●
	■■■■■ ■■■	|||	●

	H	Z	E
	6	7	2
+	1	5	9
	1	1	
	8	3	1

Seite 31

2. Ü: 50 + 240 = 290
   45 + 239 = 284

   Ü: 360 + 560 = 920
   358 + 561 = 919

3. 174 + 345 = 519
   244 + 456 = 700
   345 + 567 = 912

4.

	1	2	8
+	8	2	1
	9	4	9

	2	6	6
+	6	6	2
	1		
	9	2	8

	3	5	5
+	5	5	3
	1		
	9	0	8

5.

	4	3	6
+	2	5	3
	6	8	9

	5	2	4
+	3	7	2
	8	9	6

		2	9
+	8	2	1
		1	
	8	5	0

Seite 32

1. Ü: 500 – 300 = 100

	H	Z	E
		11	
	5	1	3
–	3	4	2
	1		
	1	7	1

2. Ü: 900 – 500 = 400

	H	Z	E
			10
	8	7	0
–	4	5	6
		1	
	4	1	4

Seite 33

2. 732 – 329 = 403
   384 – 194 = 190
   975 – 707 = 268
   821 – 456 = 365
   230 – 145 = 85
   384 – 239 = 145

5.

	3	7	3
–	3	3	2
		4	1

	5	4	7
–	3	1	2
	2	3	5

		11	
	4	1	4
–		8	4
	1		
	3	3	0

Seite 34

1. 3,95 + 1,25 = 5,20
   Ü: 4 + 1 = 5

   8,69 – 3,70 = 4,99
   Ü: 9 – 4 = 5

   6,66 – 0,99 = 5,67
   Ü: 7 – 1 = 6

   2,59 + 3,44 = 6,03
   Ü: 3 + 3 = 6

Seite 35

2. 1,85 + 7,07 → 2 + 7
   1,58 + 7,70 → 2 + 8
   1,28 + 7,77 → 1 + 8

3. Ü: 2 + 3 = 5

	1	,	9	9
+	2	,	5	0
	4	,	4	9

Ü: 8 – 4 = 4

	8	,	3	0
–	4	,	2	8
	4	,	0	2

Ü: 70 – 50 = 20

	7	0	,	5
–	4	9	,	9
	2	0	,	6

Ü: 8 – 4 = 4

	2	,	3	4
+	3	,	0	9
+	1	,	6	0
	7	,	0	3

Ü: 37 + 48 = 85

	3	6	,	6
+	4	7	,	5
	8	4	,	1

Ü: 35 + 59 = 94

	3	4	,	7
+	5	8	,	6
	9	3	,	3

Multiplikation und Division bis 1000

Seite 36

1.

3 · 3 = 9	4 · 2 = 8	2 · 5 = 10
3 · 30 = 90	40 · 2 = 80	20 · 5 = 100
3 · 300 = 900	400 · 2 = 800	200 · 5 = 1000

2.

5 · 3 = 15	7 · 8 = 56	6 · 4 = 24
5 · 30 = 150	70 · 8 = 560	6 · 40 = 240

Seite 37

3.

2 · 4 = 8 | 1 · 9 = 9 | 3 · 2 = 6
20 · 40 = 800 | 10 · 90 = 900 | 30 · 20 = 600

4.

4 · 8 = 32 | 3 · 3 = 9 | 9 · 7 = 63
4 · 80 = 320 | 30 · 30 = 900 | 9 · 70 = 630

5.

·	50	20	70
9	450	180	630
4	200	80	280
6	300	120	420

·	4	9	8
70	280	630	560
30	120	270	240
80	320	720	640

Seite 38

1. 18 : 3 = 6
   180 : 30 = 6
   25 : 5 = 5
   250 : 50 = 5

   35 : 7 = 5
   350 : 70 = 5
   36 : 6 = 6
   360 : 60 = 6

2. 800 : 200 = 4
   720 : 90 = 8
   1000 : 200 = 5

   480 : 60 = 8
   1000 : 50 = 20
   1000 : 500 = 2

Seite 39

3. 280 : 70 = 4
   28 : 7 = 4

   320 : 40 = 8
   32 : 4 = 8

   240 : 60 = 4
   24 : 6 = 4

   450 : 50 = 9
   45 : 5 = 9

4. 600 : 3 = 200
   600 : 30 = 20
   600 : 300 = 2

   720 : 8 = 90
   720 : 80 = 9

   560 : 7 = 80
   560 : 70 = 8

5. 900 : 300 = 3

   720 : 9 = 80

Seite 40

1. **8 · 112 = 896**
   8 · 100 = 800
   8 · 10 = 80
   8 · 2 = 16
   800 + 80 + 16 = 896

   4 · 207 = 828
   4 · 200 = 800
   4 · 7 = 28
   800 + 28 = 828

Seite 41

2.

6 · 28 = 168
---
6 · 20 = 120
6 · 8 = 48

5 · 54 = 270
---
5 · 50 = 250
5 · 4 = 20

3.

46 · 3 = 138
---
40 · 3 = 120
6 · 3 = 18

17 · 8 = 136
---
10 · 8 = 80
7 · 8 = 56

4.

7 · 123 = 861
---
7 · 100 = 700
7 · 20 = 140
7 · 3 = 21

3 · 266 = 798
---
3 · 200 = 600
3 · 60 = 180
3 · 6 = 18

5.

$2 \xrightarrow{\cdot 3} 6 \xrightarrow{\cdot 4} 24 \xrightarrow{\cdot 5} 120$

$8 \xrightarrow{\cdot 5} 40 \xrightarrow{\cdot 4} 160 \xrightarrow{\cdot 3} 480$

Seite 42

1. **896 : 8 = 112**
   800 : 8 = 100
   80 : 8 = 10
   16 : 8 = 2
   100 + 10 + 2 = 112

   276 : 6 = 46
   240 : 6 = 40
   36 : 6 = 6
   40 + 6 = 46

2. **72 : 4 = 18**
40 : 4 = 10
32 : 4 = 8
10 + 8 = 18

95 : 5 = 19
50 : 5 = 10
45 : 5 = 9
10 + 9 = 19

Seite 43

3. **210 : 6 = 35**
180 : 6 = 30
30 : 6 = 5
30 + 5 = 35

168 : 6 = 28
120 : 6 = 20
48 : 6 = 8
20 + 8 = 28

4. **367 : 5 = 73 R 2**
300 : 5 = 60
60 : 5 = 12
7 : 5 = 1 R 2

523 : 3 = 174 R 1
300 : 3 = 100
210 : 3 = 70
13 : 3 = 4 R 1

Seite 44

1. 234 · 3 = 702
Ü: 230 · 3 = 690

67 · 9 = 603
Ü: 70 · 9 = 630

354 : 6 = 59
Ü: 360 : 6 = 60

Seite 45

2. **30 · 29 = 290 falsch**
Ü: 30 · 30 = 900
Genau: 30 · 29 = 870
567 : 7 = 81 richtig
325 · 3 = 675 falsch
Ü: 300 · 3 = 900
Genau: 325 · 3 = 975

3. 228 : 4 = 57, denn 57 · 4 = 228
889 : 7 = 127, denn 127 · 7 = 889
621 : 3 = 207, denn 207 · 3 = 621
963 : 9 = 107, denn 107 · 9 = 963

4. 48 · 7 = 336, denn 336 : 7 = 48
34 · 9 = 306, denn 306 : 9 = 34
39 · 8 = 312, denn 312 : 8 = 39
156 · 4 = 624, denn 624 : 4 = 156

Mit Größen rechnen

Seite 46

1. 7,00 € + 2,30 € + 0,70 € = 10,00 €
100 € – 60 € + 8 € = 48 €
4,10 € – 2,00 € = 2,10 €
0,50 € + 3,80 € = 4,30 €

Seite 47

2. 2,95 € = 295 ct = 2 € 95 ct
30 ct = 0,30 € = 0 € 30 ct
0,25 € = 25 ct
250 ct = 2,50 €
95 ct
0,29 € = 29 ct
0,09 € = 9 ct = 0 € 9 ct
0 € 3 ct

3.

	4	,	0	3	€
+	2	,	5	7	€
+	0	,	6	0	€
	7	,	2	0	€

	2	3	7	ct
+			9	ct
+	3	3	3	ct
	5	7	9	ct

	0	,	9	9	€
+	3	,	2	5	€
+	0	,	7	5	€
	4	,	9	9	€

	0	,	0	5	€
	7	,	0	0	€
+	0	,	5	5	€
+	1	,	8	8	€
	9	,	4	8	€

Seite 48

1. 1,25 m < 2,59 m < 10 m < 20 m < 400 m < 1 km

Seite 49

2. 300 mm = 30 cm   800 cm = 8 m
0,05 m = 5 cm   0,6 km = 600 m
3. 3 m + 20 m + 45 m = 68 m
416 cm + 22 cm + 3 cm = 441 cm
4000 km + 1 km = 4001 km
4. Tom: 20 m   Lotta: 24 m
Leni: 12 m   Florian: 13 m

Seite 50

1. 1,5 t: Auto
30 kg: Hund
1 g: Luftballon
1 kg: Zuckerpackung
100 g: Tafel Schokolade
5 g: Federball

Seite 51

2. 1000 kg = 1t
   1000 g = 1 kg
   780 g = 0,78 kg
   0,3 kg = 300 g
   0,2 t = 200 kg
   0,01 t = 10 kg

3. 80 g + 200 g + 450 g = 730 g
   500 kg – 100 kg + 60 kg = 460 kg
   20 kg + 1000 kg – 421 kg = 599 kg
   1,4 kg + 5 kg – 0,455 kg = 5,945 kg

4. Ein Federball wiegt 5 g.
   Ein Schlagball wiegt 80 g.
   4 Schlagbälle wiegen 320 g.

Seite 52

1. 1 l: Safttüte
   180 l: Aquarium
   10 l: Topf
   200 ml: Glas
   45 hl: Pool
   12 ml: Suppenlöffel

Seite 53

2. 0,5 l = 500 ml
   $\frac{1}{4}$ l = 250 ml
   0,75 l = 750 ml
   2 l = 2000 ml

3. 400 ml = 0,4 l
   3 hl = 300 l
   4 hl 750 ml = 400,75 l
   50 ml = 0,05 l
   2,5 hl = 250 l
   5 hl 6 l = 506 l

4. 6 · 125 ml = 750 ml
   $\frac{3}{4}$ l entspricht 6 Gläsern mit 125 ml.

Seite 54

1. 480 h = 20 Tage
   21 Tage = 3 Wochen
   365 Tage = 12 Monate
   15 min = 900 s
   420 Tage

Seite 55

2. $\frac{3}{4}$ h = 45 min
   $\frac{1}{4}$ h = 15 min
   $1\frac{3}{4}$ h = 105 min
   $2\frac{1}{2}$ h = 150 min
   $5\frac{1}{4}$ h = 315 min
   $\frac{1}{2}$ h = 30 min

3. 3 min = 180 s
   15 min = 900 s
   $5\frac{3}{4}$ min = 345 s
   5 min = 300 s
   $\frac{1}{4}$ h = 900 s
   $10\frac{1}{2}$ min = 630 s

4. 3 Tage = 72 h
   120 min = 2 h
   2 Wochen = 336 h
   1 Woche = 168 h
   90 min = 1,5 h
   900 s = $\frac{1}{4}$ h

Bildquellennachweis: |Feldhaus, Hans-Jürgen, Münster: 2.1, 2.2, 2.3, 2.4, 2.5, 2.6, 2.7, 2.8, 2.9, 2.10, 2.11, 3.1, 3.2, 3.3, 3.4, 3.5, 3.6, 3.7, 3.8, 3.9, 3.10, 3.11, 3.12, 3.13, 3.14 (Stickerbogen), 6.1, 8.1, 8.2, 10.1, 12.1, 14.1, 14.2, 16.1, 17.1, 18.1, 18.6, 20.1, 21.1, 22.1, 23.1, 24.1, 24.2, 26.1, 26.2, 28.1, 28.2, 30.1, 32.1, 33.1, 34.1, 36.1, 36.2, 37.1, 38.1, 38.2, 40.1, 40.2, 42.1, 44.1, 45.1, 46.1, 46.2, 48.1, 49.1, 50.1, 51.1, 52.1, 53.2, 54.1, 54.2, 55.2. |iStockphoto.com, Calgary: EvgeniiAnd Titel |Langner & Partner Werbeagentur GmbH, Hemmingen: 12.2, 12.3, 12.4, 12.5, 12.6, 12.7, 12.8, 13.1, 18.2, 18.3, 18.4, 18.5, 57.1, 57.2, 57.3, 57.4, 58.3, 58.4, 58.5. |Schwarz, Thies, Hannover: 15.1, 15.2, 15.3, 19.1, 25.1, 48.2, 50.2, 52.2, 53.1, 55.1, 58.1, 58.2.